Wickie und die starken Männer

Dieses Buch gehört:

____

Das Fanbuch

Das Original

Klett Lerntraining

4
Wer sind Wickie und die starken Männer?
12
Welcher Wikinger bist du?
14
Wickie trifft neugierige Indianer
18
Wie alles begann …
19
Geschichte: Der Schatz am Feuerberg
28
Wickies Lieblingswitze
30
Aus dem Leben von Wickie

Wer sind Wickie und die starken Männer?

Name: Wickie

Tätigkeit an Bord: Mit meinen cleveren Ideen helfe ich den Wikingern aus manch brenzliger Situation.

Lieblingsbeschäftigung: erfinden, basteln und mit Ylvi spielen

Was ich nicht mag: Wölfe, Taifune, Nebel, den schrecklichen Sven

Mein geheimster Wunsch: so stark und mutig zu sein wie mein Vater

Erkennungszeichen: Ich reibe meine Nase, wenn mir eine Idee kommt.

Wenn ich so stark wäre wie Halvar, würde ich: mit dem Wolf fangen spielen

Worauf ich stolz bin: dass ich trotz meiner Angst dem Wolf entkomme

Lieblingsspruch: „Ich hab's!"

Name: **Halvar**

Tätigkeit an Bord: Chef

Lieblingsbeschäftigung: Chef der Wikinger von Flake sein und das Drachenboot lenken

Was ich nicht mag: Nebel, den Hof fegen

Mein geheimster Wunsch: den schrecklichen Sven beim Bootsrennen zu schlagen

Erkennungszeichen: Ich hab den Helm mit den größten Hörnern und meine Augenklappe!

Wenn ich so schlau wäre wie Wickie, würde ich erfinden: Ich bin so schlau wie Wickie. Oder etwa nicht?

Worauf ich stolz bin: auf meinen Mut und meine Muskeln, auf mein Drachenboot und manchmal auch auf Wickie

Lieblingsspruch: „Klappe halten und rudern!“ oder „Rudert Ihr faulen Säcke!“

Name: **Ylva**

Tätigkeit in Flake: putzen, kochen, aufräumen

Lieblingsbeschäftigung: meinen kleinen Wikinger zu versorgen

Was ich nicht mag: Streit und Prügeleien der Männer

Mein geheimster Wunsch: dass Halvar Wickie so akzeptiert, wie er ist

Erkennungszeichen: Mich sieht man nie ohne Schürze und Amulett.

Wenn ich so schlau wäre wie Wickie, würde ich erfinden: eine Maschine, die von alleine Staub wegputzt

Worauf ich stolz bin: auf meinen klugen Sohn

Lieblingsspruch: „Jeder wie er's kann und Wickie eben mit Köpfchen. Das hat er von mir geerbt.“

Name: Tjure

Tätigkeit an Bord: Ruderer

Lieblingsbeschäftigung: Snorre ärgern

Was ich nicht mag: Snorres Geschwätz

Mein geheimster Wunsch: selbst Chef zu sein

Erkennungszeichen: Ich hab ein hübscheres Gesicht als Snorre.

Wenn ich so schlau wäre wie Wickie, würde ich erfinden: eine Snorre-Kitzel-Maschine

Worauf ich stolz bin: auf mein Schwert

Lieblingsspruch: „Wie bekommt man dein Gehirn auf Erbsengröße, Snorre? – Aufpumpen!“

Name: Snorre

Tätigkeit an Bord: Ruderer

Lieblingsbeschäftigung: Tjure ärgern

Was ich nicht mag: Tjures blödes Gesicht

Mein geheimster Wunsch: größer und stärker zu sein als Faxe

Erkennungszeichen: Zwar bin ich der kleinste der starken Männer, dafür habe ich aber den größten Zahn.

Wenn ich so schlau wäre wie Wickie, würde ich erfinden: Hä? Wieso erfinden?

Worauf ich stolz bin: auf meine deutliche *Auschprache*

Lieblingsspruch: „Auf jedem Schiff, das schwimmt und schwabbelt, ist einer drauf, der dämlich sabbelt.“ – Damit ist natürlich Tjure gemeint.

Name: **Ulme**

Tätigkeit an Bord: Musiker

Lieblingsbeschäftigung: Harfe spielen, singen und dichten

Was ich nicht mag: hässliche Worte und Kunstbanausen

Mein geheimster Wunsch: vor einem großen Publikum aufzutreten

Erkennungszeichen: meine Harfe, mein schicker Schnurrbart und meine prächtigen Locken

Wenn ich so schlau wäre wie Wickie, würde ich erfinden: ein Gerät, mit dem ich meine Musik aufnehmen und überall abspielen kann

Worauf ich stolz bin: auf meine tolle Stimme

Lieblingsspruch: „Dazu fällt mir ein passendes Lied ein!"

Name: **Gorm**

Tätigkeit an Bord: Ausguck, nach dem schrecklichen Sven Ausschau halten

Lieblingsbeschäftigung: hoch oben im Mast dösen

Was ich nicht mag: hohe Wellen

Mein geheimster Wunsch: ein neues Land entdecken

Erkennungszeichen: mein prächtiger Schnurrbart und mein schönes Muschelfernrohr

Wenn ich so schlau wäre wie Wickie, würde ich erfinden: ein riesiges Fernrohr

Worauf ich stolz bin: auf meine tollen Luftsprünge

Lieblingsspruch: „Ich bin entzückt!"

Name: **Urobe**

Tätigkeit an Bord: **weiser Ratgeber**

Lieblingsbeschäftigung: **Geschichten aus uralter Zeit erzählen**

Was ich nicht mag: **Gewitter, da könnte mir der Himmel auf den Kopf fallen**

Mein geheimster Wunsch: **noch einmal so jung zu sein wie Wickie**

Erkennungszeichen: **mein langer weißer Bart**

Wenn ich so schlau wäre wie Wickie, würde ich erfinden: **einen Jungbrunnen**

Worauf ich stolz bin: **Mir fällt immer eine uralte Geschichte ein, aus der man etwas lernen kann.**

Lieblingsspruch: **„Gar nicht so dumm, was Wickie da sagt.“**

Name: **Ylvi**

Tätigkeit in Flake: **mit Wickie spielen**

Lieblingsbeschäftigung: **Wickie zuhören, wenn er von seinen Heldentaten erzählt**

Was ich nicht mag: **auf Wickie zu warten, wenn er mit den starken Männern auf Raubzug ist**

Mein geheimster Wunsch: **als Frau mit auf Beutezug gehen**

Erkennungszeichen: **meine blonden Haare und die Sommersprossen**

Wenn ich so schlau wäre wie Wickie, würde ich erfinden: **etwas, mit dem ich mit Wickie sprechen kann, wenn er auf Raubzug ist**

Worauf ich stolz bin: **Wickies Freundin zu sein**

Lieblingsspruch: **„Wickie, du bist mein Held!“**

Name: Faxe

Tätigkeit an Bord: Motor

Lieblingsbeschäftigung: essen, essen, essen

Was ich nicht mag: einen leeren Magen haben

Mein geheimster Wunsch: eine gute Köchin zur Frau nehmen

Erkennungszeichen: Ich bin der größte Wikinger und entsetzlich stark und hab ein kleines Bäuchlein.

Wenn ich so schlau wäre wie Wickie, würde ich erfinden: Och, erfinden kann Wickie doch viel besser als ich. Der ist viel cleverer!

Worauf ich stolz bin: Ich kann alle starken Männer auf einmal hochheben.

Lieblingsspruch: „Lecker!"

Name: der schreckliche Sven

Tätigkeit an Bord: Kapitän

Lieblingsbeschäftigung: Halvars Schätze abjagen

Was ich nicht mag: wenn Halvar mir mit seinen Schätzen entkommt

Mein geheimster Wunsch: eine Welt ohne Halvar

Erkennungszeichen: mein böser Blick und selbstverständlich der Morgenstern

Wenn ich so schlau wäre wie Wickie, würde ich erfinden: Wickie? Ist das nicht der Sohn von Halvar? So schlau bin ich allemal!

Worauf ich stolz bin: drei Schiffe zu haben, Halvar hat nur eins

Lieblingsspruch: „Halvar von Flake, dein letztes Stündlein hat geschlagen!“

Ergänze hier deinen eigenen Wikinger-Steckbrief.

Hier ist Platz für dein Wikinger-Foto

Name: ....

Wikinger-Name: ....

Mein Name in Runen*: ....

Tätigkeit an Bord: ....

Lieblingsbeschäftigung: ....

Was ich gerne mag: ....

Was ich gar nicht mag: ....

Mein geheimer Wikinger-Wunsch: ....

....

Mein Erkennungszeichen: ....

....

Worauf ich stolz bin: ....

....

Wenn ich so schlau wäre
wie Wickie, würde ich erfinden: ....

....

Mein Lieblingsspruch: ....

....

*Wie dein Name in Runen geschrieben wird, erfährst du auf Seite 51.

Welcher Wikinger bist du?

Das findest du sofort mit dem Wikinger-Schnelltest heraus. Beantworte einfach die folgende Frage wahrheitsgemäß:
Du bist alleine in den Wäldern von Flake unterwegs. Plötzlich greift dich ein Wolf an.
Wie reagierst du?

Oh, Wölfe habe ich nicht so gerne. Eigentlich fürchte ich mich sogar ziemlich vor ihnen. Ich würde am liebsten weglaufen, aber meine Knie zittern immer viel zu stark. Wenn der Wolf mich wittert, brauche ich eine gute Idee. Ich grüble etwas, dann reibe ich meine Nase, und dann ... hab ich's! Ich bastle in Windeseile einen Jungen aus Tannenästen. Wenn der Wolf den anknurrt, renne ich nach Hause.

Ein Wolf? Der kommt mir gerade recht! Dem werde ich mal ordentlich die Meinung geigen. Schließlich kriege ich wegen seinem dämlichen Geheule in der Nacht kaum ein Auge zu! Den stauch ich zusammen, den motze ich in Grund und Boden!

Hulla! Hulla! Ein großer Wolf? Oder ein kleiner? Egal, nix wie weg. Ich nehme die Beine in die Hand und renne. Hoffentlich steht mir kein Baum im Weg. Sonst knalle ich noch mit vollem Tempo dagegen!
Ach, wie lieb, ein Wolf? Den nehme ich gleich auf den Arm und streichle ihn. Dann gebe ich ihm etwas von meiner Brotzeit ab. Vielleicht ist er völlig ausgehungert, so wie ich, wenn ich drei Minuten nichts zu beißen hatte. So ein knuddeliges Tierchen muss man doch gern haben. Ich mache mich sofort auf die Suche nach ihm.
Wölfe habe ich schon besiegt, als ich noch in die Windeln machte. Mit der einen Faust den Wolf erlegt, mit der anderen einen Bären. Wenn mir jetzt einer über den Weg läuft, brauche ich nur zu knurren. Dann zieht der den Schwanz ein und schleicht sich. Winselnd, jawohl!

Wickie trifft neugierige Indianer

Lange waren Wickie und die starken Männer unterwegs. Nach einem schlimmen Sturm ist ihr Drachenboot an einer riesigen unbekannten Insel gelandet. Sie werden von Männern mit Federschmuck auf den Köpfen begrüßt. Einer von ihnen spricht sogar ihre Sprache. Der Ruf von Halvar und seinen Männern ist ihnen bis hierher vorausgeeilt. Kleiner Büffel, der Sohn von Häuptling Großer Bär, ist ziemlich neugierig und löchert Wickie mit seinen Fragen.

Wir haben schon von dir klugem Wikingerjungen gehört und natürlich auch von deinem starken Vater. Wie schön, dass ihr diesen langen Weg auf euch genommen habt.

Es ist spannend, neue Gegenden zu erkunden. Diesmal wollten wir aber gar nicht so weit reisen. Als Gorm die Schiffe vom schreckliche Sven gesichtet hatte, brach plötzlich ein fürchterliches Unwetter über uns herein. Der Sturm hörte nicht auf zu wüten. Wir waren so froh, als sich das Wetter endlich besserte und Gorm eure Küste entdeckt hat. Aber wenigstens sind wir dem schrecklichen Sven entkommen!

Aber es heißt doch, du kannst sogar ihn besiegen. Obwohl er doch so viel größer und stärker ist als du.

Besonders stark bin ich wirklich nicht, aber mir fällt immer etwas Gutes ein und manchmal ist eine gute Idee viel mehr wert als Muskelkraft. Angst habe ich aber trotzdem vor ihm.

Um unser Indianerdorf schleichen oft gefährliche Wölfe? Gibt es die bei euch auch? Was machst du, wenn sie dir auflauern?

Natürlich gibt es die. Zuerst renne ich, was meine Beine hergeben. Aber der Wolf ist schneller. Doch ich bin schlauer. Einmal habe ich meine Hose mit Seilen an einen Busch gebunden. Als der Wind dann die Zweige bewegt hat, flatterte meine Hose hin und her. Der Wolf hat die ganze Zeit die Hose angeknurrt und ich habe mich hinter seinem Rücken nach Hause geschlichen.

Den Trick muss ich mir merken! Wie kommst du immer zu deinen guten Ideen?

Wenn ich nachdenke, reibe ich mit dem Finger an meiner Nase entlang. Und dann kommt mir eine gute Idee.

Hätte ich nur auch so eine kluge Nase! An Bord des Drachenschiffs wart ihr Tag und Nacht auf engstem Raum zusammen. Seid ihr euch da nicht auf die Nerven gefallen?

Es wird nur anstrengend, wenn Ulme singt, oder Tjure und Snorre streiten müssen, und wenn Gorm vom Ausguck aus den falschen Weg gewiesen hat. Und natürlich nervt es, wenn Faxes Magen vor Hunger so laut knurrt, dass wir Ohrenschmerzen bekommen. Wie Vaters Laune ist, wenn wir ohne Beute heimkehren, kannst du dir vorstellen. Aber eigentlich ist es oft sehr lustig an Bord.

Hast du einen besten Freund bei den starken Männern?

Ich mag alle gern. Urobe hält immer zu mir, wenn Vater meine Ideen nicht hören will. Faxe würde für mich die dicksten Mauern einrennen – was er auch manchmal macht. Snorre und Tjure bringen mich mit ihrem Streit oft zum Lachen. Halvar ist mein Vater, den habe ich natürlich besonders lieb. Ulmes Lieder mag ich auch manchmal. Ohne Gorm würden wir nie nach Hause zurückfinden. In Flake mag ich Mama am liebsten. Und natürlich Ylvi.

Wie schön, dass ihr euch so gut vertragt. Gibt es auch etwas, das du gar nicht leiden kannst?

Ich mag nicht, dass Vater immer will, dass ich mutig bin. Ich habe nun mal Angst. Mutter sagt immer: „So ist unser Junge eben." Aber Vater sieht das nicht ein.

Das kann ich gut verstehen. Was war bisher dein größtes Abenteuer auf See? Die Fahrt zu uns ins Indianerland?

Oh, lass mich nachdenken. Einmal sind wir in einen Taifun geraten.
Und oft hat uns der schreckliche Sven gefangen genommen. Wir haben auch gegen Piraten gekämpft und sind gegen einen Eisberg gestoßen. Ach, eigentlich ist es unterwegs immer aufregend.

Wovor fürchtest du dich am meisten, wenn ihr unterwegs seid?

Vor Nebel, das ist auf dem Meer besonders schlimm. Denn wenn wir dann ans Ende der Welt kommen, sehen wir den Wasserfall dort nicht, und unser Schiff fällt von der Erde runter. Das sagt jedenfalls Tjure, aber man kann nie wissen...

Das wäre wirklich schrecklich! Jetzt kann ich mir richtig gut vorstellen, wie es auf einer Fahrt übers Meer so ist. Zum Glück muss ich nicht mit. Ich laufe lieber durch die Prärie. Das Meer scheint mir sehr gefährlich.

Das ist es auch. Aber gemeinsam kommen wir immer wieder zurück, so groß die Gefahr auch sein mag. Bald müssen wir auch wieder nach Flake, sonst macht sich Mutter zu große Sorgen. Schön, dass wir uns kennengelernt haben.

Wickie und die starken Männer

Wie alles begann...

Der Herr auf dem Foto heißt Runer Jonsson. Er hat sich Wickie, den cleveren Wikingersohn, und seine Abenteuer ausgedacht. Geboren wurde Runer Jonsson 1916 im Süden Schwedens in der Region Småland. Nur sechs Jahre lang hat er die Schule besucht. Mit zwölf Jahren arbeitete er schon in einer Tischlerei. Später war er Journalist in einer Lokalzeitung und schrieb auch noch Bücher.

Nachdem Runer Jonsson sieben Bücher für Erwachsene geschrieben hatte, veröffentlichte er 1963 sein erstes Kinderbuch. Es trug den schwedischen Titel „Vicke Viking“. Wie es auf Deutsch hieß, kannst du dir bestimmt denken: „Wickie und die starken Männer“. Der Roman wurde 1965 sogar mit dem Deutschen Jugendliteraturpreis ausgezeichnet. Runer Jonsson ist 2006 gestorben.

Ganz sicher kennst du die Zeichentrickserie „Wickie und die starken Männer“. Sie wurde Anfang der 70er Jahre in Japan produziert. Und sogar auf die Kinoleinwand hat es der pfiffige Wikingersohn schon mehrfach geschafft.

Damit Wickie immer noch mehr tolle Abenteuer erleben kann, schreiben heute andere Autoren seine Geschichten. Einer von ihnen ist Matthias von Bornstädt.

Eine Geschichte mit Wickie von Matthias von Bornstädt

Der Schatz am Feuerberg

An einem schönen Sommertag schlendert Wickie am Strand entlang, um Muscheln und hübsche Steine zu sammeln. Dabei stößt er auf einen ganz besonderen Stein, der flach wie eine Tafel ist. Als er ihn aufhebt, sieht Wickie, dass in den Stein etwas eingeritzt ist.

„Es sieht aus wie eine Karte!“, sagt er ganz aufgeregt und schaut sich den Stein genauer an. Unterhalb der Karte entdeckt er Schriftzeichen. Er fragt sich, was diese geheimnisvollen Zeichen wohl bedeuten. Wickie läuft mit dem Stein ins Dorf und zeigt ihn den anderen, die sich neugierig um ihn scharen. Sein Vater betrachtet das Fundstück und kratzt sich grübelnd am Bart. Er raunt: „Wetten, dass das eine Schatzkarte ist? Ich spüre es irgendwie im linken Zeh.“

„Hm, da könntest du recht haben“, sagt der alte Urobe. Er kennt sich mit geheimnisvollen Schriftzeichen aus und meint: „Wenn ich mich nicht irre, steht hier: *In der Bucht am Feuerberg, sucht den Schatz beim Felsenzwerg!*“

Halvar blickt Urobe verständnislos an.

Urobe denkt einen Moment nach. Dann erinnert er sich, dass er vor langer Zeit schon einmal durch die Bucht am Feuerberg gesegelt ist. Wenn seine Erinnerung stimmt, ist die Bucht nicht weit von Flake entfernt.

„Aber, was ist denn ein Feuerberg?“, will Wickie wissen.

Urobe erklärt, dass ein Feuerberg ein Berg ist, der *Lava* speit. Und dass Lava flüssiges Gestein aus dem Inneren der Erde ist. Solche Berge werden auch *Vulkane* genannt.

„Hu, das mit dem Feuerberg klingt aber gefährlich“, findet Wickie. Doch Urobe kann ihn beruhigen. Der Feuerberg ist schon vor Jahrtausenden erloschen. Von ihm geht heute keine Gefahr mehr aus. Was es allerdings mit dem Schatz und dem *Felsenzwerg* auf sich hat, darauf weiß auch Urobe keine Antwort.
Grund genug, es vor Ort herauszufinden!
Vor allem Halvar kann es kaum erwarten und klatscht entschlossen in die Hände. „Macht das Schiff bereit, Männer!“, ordnet er an. „Auf zur Schatzsuche!“
Noch am selben Tag setzen die Wikinger die Segel. Urobe weist ihnen den Weg, bis nach zwei Tagen der Feuerberg in Sicht kommt. Wie der Stumpf einer großen, dickleibigen Kerze erhebt er sich über die Küste.
Urobe deutet nach vorn: „Da! Dort ist die Bucht! Seht ihr?“
Neugierig drückt Gorm sein Fernrohr ans Auge. Doch von einem Moment zum anderen wird er blass wie ein Bettlaken.
„Da ist – da ist – da ist“, setzt er dreimal an, „der schreckliche Sven!“
Bei diesen Worten fahren die Männer erschrocken zusammen, denn jeder weiß, dass der schreckliche Sven der schlimmste aller Piraten ist!
Halvar nimmt sich das Fernrohr. Er erkennt eine Reihe von Zelten und sieht Svens Männer, die am Strand Ball spielen.
„So etwas! Machen die etwa Urlaub?“, wundert sich Gorm.

„Urlaub?“, stöhnt Halvar und gibt das Fernrohr an Wickie weiter. „Ausgerechnet hier?! Das darf doch nicht wahr sein!“
„Sie scheinen sich echt wohl zu fühlen“, sagt Wickie, während er durch das Rohr lugt. „Kein Wunder, so schroff und felsig wie die Bucht … Oh!“, unterbricht er sich. „Sie haben uns bemerkt!“
„Keule und Donnerkeil!“, flucht Halvar. „Los, Männer, wir drehen um!“

Doch zu spät: Svens Piraten schnappen sich ihre Säbel und klettern in ein Boot. Johlend rudern sie los, während die Wikinger in helle Panik verfallen und wie aufgescheuchte Hühner übers Schiff rennen.

Die Piraten sind viel zu nahe, als dass man ihnen entwischen könnte! Mit kräftigen Ruderschlägen treiben sie ihr Boot voran und blecken dabei furchtbar die Zähne.
Am Bug steht Sven und wirbelt mit seinem Morgenstern. „Hohoho, wen haben wir denn da?!“, poltert er übers Wasser. „Wenn das nicht Halvar mit seinen halbstarken Männern ist!“
Mit einem Wink gibt er den Befehl zum Überfall. Enterhaken sirren durch die Luft, und nur Augenblicke später marschiert Sven mit wuchtigen Schritten übers Deck.
Die Wikinger drängen sich ängstlich zusammen.
„Ihr seid wohl auf Beutezug?“, blafft Sven sie an.
„Ne-nein, wi-wir …“, stammelt Gorm.
Sven schneidet ihm barsch das Wort ab: „Leute, stellt diesen Kahn auf den Kopf!“
Svens Männer gehorchen – Beute jedoch finden sie keine.

„Eure Nussschale ist ja leer!“, ärgert sich der Oberpirat.
„Wir sind nur auf einer … ähm, Urlaubsfahrt“, flunkert Halvar.
Sven stemmt die Hände in die Hüften. „Und damit rückt ihr erst jetzt heraus?!“, knurrt er ärgerlich. „Wenn ihr nichts zum Abjagen habt, zieht gefälligst Leine! Hier machen wir schon Urlaub! Kapiert?“
Die Piraten erheben noch einmal bedrohlich ihre Säbel und funkeln die Wikinger an. Diese Warnung wirkt: Die Wikinger überkommt ein kaltes Schlottern. Sven grinst selbstzufrieden und schwingt sich mitsamt seiner Bande ins Boot zurück.

Nachdem die Piraten davongerudert sind und Halvar ein paar Mal tief durchgeatmet hat, ärgert er sich: „Zu dumm, dass diese Kerle sich hier breit machen. So haben wir keine Chance, nach dem Schatz zu suchen. Sie würden ihn sich gleich unter den Nagel reißen.“
„Stimmt“, nickt Wickie und überlegt: „Wir müssten sie erst vertreiben. Aber, wie stellen wir das an?“

Halvar und seine Männer fahren die Küste entlang, bis die Bucht nicht mehr zu sehen ist. Während der Fahrt steht Wickie an der Reling und betrachtet nachdenklich den Vulkan. Und auf einmal kommt ihm eine Idee.

„Ich hab's!“, verkündet er. „Der Feuerberg könnte uns helfen!“

Wickie erklärt seinen Plan, und sofort suchen die Männer eine geeignete Stelle, um wieder an Land gehen zu können. Denn ihr Ziel ist die Spitze des Vulkans! Damit Svens Männern sie nicht entdecken, brechen nur Wickie, sein Vater, Urobe und Faxe auf.

Erst als es fast schon dunkel ist, erreichen sie den Gipfel, in dem eine schattige Kuhle klafft. Erschöpft lassen die Männer die Zweige und Äste fallen, die sie unterwegs aufgesammelt haben.

„Das ist der Krater …“, haucht Urobe.

„Sieht aus wie eine riesige Suppenschüssel“, findet Faxe.

Urobe schmunzelt.

Wickie deutet nach unten: „Nun steigen wir ein Stück in den Krater hinab und machen ein schönes Feuer.“

„Aha! Ein Feuer im Feuerberg“, sinniert Urobe. „Ich ahne, was du vorhast …“

Die Wikinger schichten die Äste zu einem Haufen, und Halvar zündet ihn an. Bald flackert ein munteres Feuer. Es vertreibt die Schatten und lässt Rauchwolken in die Höhe puffen.

Das entgeht auch der Piratenbande unten in der Bucht nicht.

Als sie einen roten Feuerschein und Rauchwolken über dem Gipfel des Berges sehen, bekommen sie es mit der Angst zu tun. „D-Der Berg! Er e-erwacht zum L-Leben!“, stammelt einer der Piraten.
„W-Was, wenn er gleich ausbricht?
Und f-f-feurig-heiße L-Lava auf uns spuckt?“
Sogar Sven erschaudert: „Männer! Schnell! Nichts wie fort von hier!“
Überstürzt packen die Piraten ihre sieben Sachen und rudern los.

Ihre Blicke sind ängstlich auf den Vulkan geheftet, dessen Spitze wie ein heißer Eisenring glüht.
Vom Gipfel aus schaut Wickie durchs Fernrohr und jubelt: „Ha! Der Trick funktioniert! Sven und seine Männer suchen das Weite!“
Am nächsten Morgen haben die Wikinger aus Flake schon fast vergessen, was am Vortag geschehen ist. Alle sind ganz aufgeregt, da sie nun endlich das machen können, wovon Svens Männer sie abgehalten hatten: den Schatz am Feuerberg zu suchen!
Tatsächlich entdecken sie in der Bucht einen Felsen, der wie ein Mensch aussieht und daher sehr gut der gesuchte Felsenzwerg sein könnte. Sie graben und es dauert nicht lange, bis sie eine große Kiste freilegen, die randvoll mit leuchtenden Edelsteinen gefüllt ist.
Nach einem ausgedehnten Picknick in der Bucht beschließen die Männer, wieder nach Hause zu segeln. Alle sind zufrieden, ganz besonders Halvar! Er weiß gar nicht, worüber er sich mehr freuen soll: über den Schatz oder darüber, dass sie Sven und seine Männer an der Nase herumgeführt haben.

Wickies Lieblingswitze

Snorre will ein Bad im Meer nehmen. Ängstlich erkundigt er sich bei Tjure: „Gibt es hier eigentlich Quallen oder Krebse?“ Tjure schüttelt den Kopf: „Keines von beiden, die wurden alle von den Haien gefressen!“

Wie heißt die Katze von Faxe?

Muskelkater

Tjure zu Snorre: „Snorre, man bohrt nicht mit dem Zeigefinger in der Nase!“ Snorre wundert sich: „Na, mit welchem dann?“

Was macht Tjure, damit er tiefer schlafen kann?

Er sägt die Beine von seinem Bett ab.

Warum ist rund um Flake Wasser?

Damit es nicht staubt, wenn die Schiffe vorbeifahren.

Was ist der Unterschied zwischen Faxe und Wickie?

Trag sie mal über eine Brücke, dann weißt du es.

Aus dem Leben von Wickie

Morgens stehe ich schon ziemlich früh auf, um mit Vater in die Sauna zu gehen.

Danach übe ich mit Urobe das Runenschreiben. Das ist sehr praktisch, wenn wir auf unseren Raubzügen in Gefahr geraten. Einmal konnte ich uns dank der Schriftzeichen und einer Brieftaube aus den Fängen des schrecklichen Sven retten.

Lass mich dir etwas zu den diesen Seiten erzählen. Scanne den QR-Code mit dem Smartphone ein, oder schau auf die Internetseite: http://fanbuch.wickie.de

Ein ganz normaler Tag

Ein schrecklicher Tag

Dieser Tag begann damit, dass ich mitten in der Nacht von zwei Strolchen entführt wurde. In einer kalten Zelle in der Burg des schrecklichen Sven wachte ich auf. Sven wollte mich erst wieder laufen lassen, wenn Vater ihm fünf Kisten Gold gibt.

Zum Glück kam mir eine Idee. Ich rubbelte an meiner Nase und rief ganz plötzlich: „Aua, aua, mein Bauch. Das ist bestimmt wieder das gefährliche Nordfieber. Aua, aua!" Da bekam es Sven mit der Angst und warf mich aus seiner Burg. Denn anstecken wollte er sich nicht!

An manchen Tagen geht einfach alles schief…

Die Bauchschmerzen waren nur gespielt. So schnell ich konnte, rannte ich davon und wartete am Meer auf Vater. Auf den ist schließlich immer Verlass. Ich war so glücklich, als er endlich kam! Ganz schnell wollten wir mit dem Drachenboot zurück nach Flake fahren.

Aber bald zog ein schlimmes Gewitter auf und allen außer Faxe wurde fürchterlich schlecht vom ständigen Auf und Ab der Wellen. Dann endlich rief Gorm die langersehnten Worte: „Land in Sicht. Es ist unser geliebtes Flake!"

Wie Ylvi sich freute, als ich wieder da war!

Eigentlich wollte ich ihr gleich alles erzählen. Aber dann kriegten sich Tjure und Snorre in die Wolle. Snorre hatte einen Milchkrug zerbrochen. Und sie hörten und hörten nicht auf zu streiten. Nicht mal beim Essen. Aber als Faxe sich mit Suppe bekleckerte, mussten wir alle lachen, bis uns die Bäuche wehtaten. Dann war alles wieder in Ordnung!

Wickies fantastische Abenteuer

An warmen Sommerabenden besuche ich am liebsten mit einem Eimer voll Fisch die Seehunde. Sie springen dann in die Luft und schnattern um die Wette. Ihnen dabei zuzusehen, ist das Größte!

Einmal im Winter hatte uns der schreckliche Sven in eine Falle gelockt. Er sperrte uns in eine klapprige Holzhütte auf einem Berg. Wie sollten wir uns befreien? Plötzlich kam mir die Idee, Faxe zum Niesen zu bringen. Durch das heftige Faxe-Niesen fiel die Bude zusammen. Schnell banden wir uns die Bretter unter die Füße und sausten hinab in die Freiheit. Seitdem fahren wir alle jeden Winter Ski – sogar Mutter und Ylvi.

Auf unseren Fahrten ist immer viel los! Und wenn wir wieder in Flake sind, erzähle ich gleich Ylvi, was wir alles erlebt haben.

Mindestens genauso gerne bin ich mit den starken Männern auf dem Drachenboot unterwegs. So kommen wir an die tollsten Orte in der ganzen Welt. Einmal bin ich mit einem echten Drachen im Meer getaucht.
Und ein anderes Mal, als unser Schiff im Meer festgefroren war, hab ich einen Wal gebeten, uns zu befreien. Der hat uns dann bis nach Flake geschoben.

Superspannendes Wikinger-Wissen

Wo lebten die Wikinger?

Ein anderer Begriff für Wikinger war „Nordmänner“.
Sie lebten im Norden Europas. Zunächst bevölkerten sie Dänemark, Schweden und Norwegen.
Später besiedelten sie auch das bis dahin unbewohnte Island und Grönland. Es gab auch Siedlungen in Norddeutschland.
Im hohen Norden ist es recht kalt und ungemütlich.
Im Winter mussten die Wikinger oft hungern. Auf ihren Reisen lernten viele von ihnen, wärmere Gegenden zu schätzen und ließen sich dort nieder.

Die Fahrten der Wikinger

Die Wikinger waren nicht nur Räuber und wilde Kämpfer. Vor allem waren sie geschickte Seefahrer. Vom Norden Europas aus fuhren sie die gesamte Küste des Festlands ab: Frankreich, Spanien und Portugal. Sie erkundeten immer mehr Seeruten. Schließlich kamen sie von Skandinavien aus sogar bis ans Schwarze Meer und nach China.

Der berühmteste Wikinger

Durch die Runen kennen wir heute noch berühmte Wikinger. Der bekannteste ist Leif Eriksson. Er betrat als erster Mensch aus Europa den amerikanischen Kontinent. Und zwar 500 Jahre vor Christopher Kolumbus, der als Entdecker Amerikas gilt. Sein Nachname Eriksson bedeutet Eriks Sohn. Denn Erik „der Rote" war sein Vater. Mehr zu den Runen erfährst du auf Seite 50.

Die Schiffe

Die Wikingerschiffe waren etwa 20 Meter lang, schmal und lagen nicht tief im Wasser. Das machte sie schnell und wendig. So konnten die Wikinger nach ihren Raubzügen schnell wieder fliehen. Außerdem war es mit diesen Booten möglich, auch auf Flüssen weit ins Landesinnere zu fahren.
Für den Kampf schmückten sie den Bug ihres Schiffes mit einem geschnitzten Drachenkopf. Das brachte ihnen den Namen Drachenboote.
Es gab aber auch breite Schiffe, die tief im Wasser lagen und viele Waren aufnehmen konnten. Mit ihnen wurde Handel getrieben oder Holz nach Grönland transportiert. Die Wikinger bestimmten den Kurs auf See oft anhand der Sterne, der Sonne und sogar an der Fließgeschwindigkeit des Wassers.

Die Blütezeit der Wikinger

Zwischen 800 n. Chr. und 900 n. Chr. war die Blütezeit der Wikinger. Es waren also kaum mehr als 100 Jahre, in denen die Wikinger die Menschen in Europa in Angst und Schrecken versetzt haben. Dann hatten sich die Menschen an den Küsten gegen die Überfälle gerüstet und wehrten sich heftig.

Die Waffen

Die gebräuchlichsten Waffen der Wikinger waren Schwert, Axt oder Morgenstern, manche hatten auch Speere und lange Messer. Doch die wirkungsvollste Waffe war oft ihr wildes Aussehen und der Überraschungsangriff. Oft ergaben sich die Überfallenen beim Anblick der Wikinger sofort und leisteten keinen Widerstand.

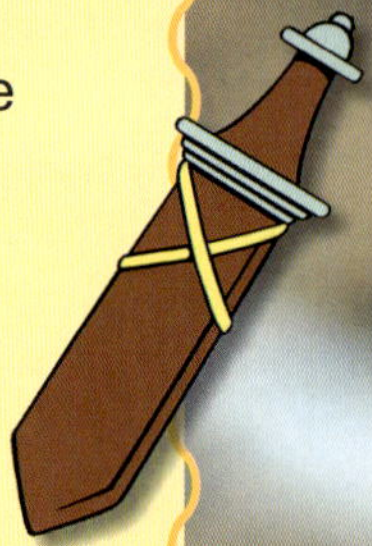

Helme und Schilde

Im Kampf trugen die Wikinger Brustpanzer aus Metall oder dickem Leder. Schläge wehrten sie mit Schilden ab, die sich an die Seiten der Drachenboote klemmen ließen, so wie du es auch von Halvars Drachenboot kennst. Den Kopf schützte ein Helm – ohne Hörner. Helme mit Hörnern trugen sie nur bei Zeremonien. Ein Helm mit Hörnern wäre im Kampf schon beim ersten Treffer vom Kopf gefegt worden.

Das Thing

So wurden die Sitzungen genannt, bei denen die Wikinger über Verbrecher Gericht hielten und über die Strafen abstimmten. Da die Wikinger keine Gefängnisse hatten, gab es nur vier Möglichkeiten der Strafe:

- Der Verurteilte musste einen Betrag in Gold oder Silber zahlen.
- Er wurde in die Verbannung geschickt und musste seine Heimat verlassen.
- Man setzte ihn auf einer einsamen Insel aus.
- die Todesstrafe

Beim Thing wurden auch andere wichtige Dinge entschieden, die die ganze Gemeinschaft betrafen.

Das Leben im Dorf

Die meisten Wikinger waren keine Krieger, sondern Handwerker, Händler, Fischer und Jäger oder Bauern. Schmiede stellten Waffen und Haushaltsgegenstände her. Goldschmiede fertigten prächtige Schmuckstücke aus Gold, Silber oder Bronze, wie du auf dem kleinen Bild sehen kannst. Es gab sogar Glasperlendreher unter ihnen. Während die stärksten Männer auf Raubzug oder zum Handeln auf dem Meer unterwegs waren, übernahmen oft Frauen ihre Berufe.

Die Häuser

Die Häuser der Wikinger im heutigen Norwegen, Dänemark, Schweden und Norddeutschland sahen sich ähnlich. Die Langhäuser waren aus dicken Holzbalken mit Wänden aus Flechtwerk, das mit Lehm verschmiert wurde. Um die Wärme im Haus zu halten, gab es keine Fenster und meist nur eine niedrige Tür. Innen war nur ein einziger Raum, in dem die Wikinger aßen, schliefen, kochten und sich den ganzen, langen Winter über aufhielten.
Auf Grönland, wo es keine Bäume gibt, und auch auf Island bestanden die Häuser oft nur aus übereinander gestapelten Grasstücken, die aus dem Boden ausgestochen wurden.

Ein besonderes Getränk: Met

Ein besonders berühmtes Getränk der Wikinger war Met, Honigwein. Dafür mischten sie Honig mit Wasser und ließen es gären. Met wurde nicht nur auf Festen getrunken, sondern auch den Göttern als Opfergabe dargebracht. Ebenso gab man es Kranken als Heilgetränk. Prost!

Essen und Trinken

In Nordeuropa sind die Winter lang und die Sommer kurz. Deshalb konnten die Wikinger nicht viel Gemüse und Getreide ernten. Ihre Hauptspeise war Grütze, unter die getrocknete Früchte und Honig gemischt wurden – etwa so wie unser Müsli. Oft kam auch Fleisch auf den Tisch, meist Wild. Haustiere wie Kühe, Ziegen und Schafe hielten sie wegen der Milch und der Wolle, Hühner wegen der Eier.
Das Hauptgetränk der Wikinger war sicher Wasser. Die Erwachsenen, aber auch schon Kinder, tranken oft auch eine Art Bier mit nur ganz wenig Alkohol.

Museumstipp

Willst du dir ansehen, wie die Wikinger gelebt haben? Herausfinden, was sie gegessen und wie sie ihre Drachenboote gebaut haben? Das geht heute nur im Museum. Zum Glück gibt es ein richtig gutes: das Wikinger Museum Haithabu in Busdorf in Schleswig-Holstein.
Dort gründeten Wikinger vor über 1000 Jahren eine Siedlung. Noch immer werden hier Gegenstände aus dieser Zeit ausgegraben. 1979 fand man sogar ein ganzes Schiff im Hafen!

Der Tod

Durch die Kälte und die schlechten Lebensbedingungen im hohen Norden wurden viele Wikinger nicht alt. Leif Eriksson starb, als er kaum älter als 40 Jahre war. Starb ein Wikinger im Kampf, so riefen ihn die Götter an ihre Seite nach Asgard, dem Sitz der Götter – so glaubten zumindest die Wikinger. Die Toten wurden dann nicht einfach beerdigt. Reiche wurden in Gräber gelegt, die mit Haushaltswaren, Schmuck und manchmal sogar ihrem Schiff ausgestattet waren. Andere bekamen viele Grabsteine, die wie ein Schiff angeordnet waren.

Die Götter der Wikinger

Die Wikinger glaubten an viele Götter, die alle für einen eigenen Bereich zuständig waren. Ihre Götter waren nicht unfehlbar, sondern hatten Schwächen und Besonderheiten, wie die Menschen selbst. Der Sitz der Götter war Asgard, hier wurden auch die im Kampf getöteten Wikinger aufgenommen.

Odin

Den Vater der nordischen Götter, erkennt man an seinem weißen Bart, den langen Haaren – und er hat nur ein Auge. Dieses hat er der Legende nach hergegeben, um einen Blick in den Quell der Weisheit zu werfen. Die Wikinger glaubten, dass Odin fast alles weiß und beobachtet. Begleitet wird er von einem Wolf, zwei Raben und Sleipnir, seinem achtbeinigen Pferd.

Thor

Bei so einem kämpferischen Volk wie den Wikingern war natürlich auch der Kriegsgott sehr angesehen, Thor. Er wird immer mit einem Hammer in der Hand dargestellt. Zwei Ziegenböcke ziehen seinen Streitwagen über den Himmel.

Ägir und Freyr

Andere wichtige Götter sind Ägir und Freyr. Ägir ist der Gott des Meeres. Er verlässt das Unterwasserreich nur, um Schiffe zu versenken. Die Wikinger brachten ihm Opfergaben, bevor sie in See stachen. Außerdem ist er für das Bierbrauen zuständig. Freyr sorgt für die Fruchtbarkeit und das Vieh.

„Ich hab's!“ Wickies beste Geistesblitze

An der Küste Afrikas hatte sich ein Äffchen auf unser Schiff geschlichen. Snorre und Gorm waren so vernarrt in das niedliche Tier. Sie wollten beide mit ihm spielen und gerieten darüber in einen schlimmen Streit. Wie sollte man die beiden Streithähne bloß wieder auseinander bringen?

Mit Mangosaft habe ich dem Affen „Streitflecken“ gemalt. Die beiden glaubten mir, dass Affen bei so einem Gezänk gelbe Flecken bekämen. Deshalb haben sie mir geschworen, von nun an ohne Streit mit dem Affen zu spielen.

Auf Rügen wurden wir herzlich von den Ranen empfangen. Doch die hatten es nur auf unsere Beute abgesehen, die wir auf dem Schiff zurück ließen. Die Gastfreundschaft war vorgetäuscht. Als wir zum Schiff zurückkamen, fanden wir statt der Schätze nur einen Haufen alter Decken vor. Wir wollten unseren Schatz zurückhaben!

Plötzlich erinnerte ich mich an die schaurige Geschichte vom Gespensterschiff des fliegenden Harald. Aus den alten Decken haben wir Gespensterkostüme gebastelt. Damit haben wir die Ranen ordentlich erschreckt.

Vor Angst haben sie die gestohlene Beute sofort wieder rausgerückt.

Oh nein! Bei Nacht und Nebel hatte mich mal wieder der schreckliche Sven entführt. Ich war ganz allein in seinen Klauen und musste mir etwas einfallen lassen, um mich zu befreien.

Zum Glück fiel mir der Wolf ein, der in einer Höhle nahe Flake haust. Sven habe ich erzählt, dass unser größter Schatz, mein Denkhelm, in der Wolfshöhle liegt. Nur mit dem Helm fallen mir die guten Ideen ein. Das stimmte natürlich nicht.

Zwei seiner Männer brachten mich zur Höhle. Als wir ankamen, brauchte ich nicht lange warten, bis sich der brüllende Wolf auf uns stürzen wollte. Ich versteckte mich schnell hinter einem Tropfstein. Die Männer rannten aus der Höhle und kletterten auf einen Baum. Vater hörte natürlich den Lärm und vertrieb den Wolf mit seiner Keule. Schon war ich frei und Mutter hatte zwei neue Küchengehilfen.

Die Geheimschrift der Wikinger

Die Schriftzeichen der Wikinger heißen Runen. Jede Rune bedeutete so viel wie einer unserer Buchstaben. Aber es gibt einen großen Unterschied: Für die Wikinger waren sie heilige Zeichen. Sie hatten magische Kräfte – glaubten zumindest die Wikinger. Wenn sich ein Wikinger im Kampf verletzte, legte der Runenmeister ihm einen Knochen oder Stock mit Runen unter den Laubsack, auf dem er schlief. Die magischen Zeichen sollten ihm helfen, wieder gesund zu werden.

Wusstest du, dass kaum ein Wikinger lesen oder schreiben konnte? Nur die weisesten Wikinger, die oft Runenmeister genannt wurden. Keine Frage, dass Wickie einmal ein Runenmeister wird.

Das Wikinger-Alphabet wird „Futhark-Alphabet“ genannt, nach seinen ersten Buchstaben. Es sah nicht immer und überall gleich aus. Aber in etwa so, wie du es hier siehst:

ᚠ	ᚢ	ᚦ	ᚭ	ᚱ	ᚴ	ᚹ	ᚼ	ᚾ	ᛁ	ᛆ	ᛋ	ᛏ	ᛒ	ᛘ	ᛚ	ᚤ	ᚵ	ᛂ	ᛑ	ᛔ
f	u	th wie das englische „the“	langes a oder o	r	k	w	h	n	i	kurzes a	s	t	b	m	l	y wie ü	g	e	d	p

ᚠᚭᚴᛋᛂ
ᚼᚭᛚᚹᚭᚱ
ᚹᛁᚴᚴᛁᛂ
ᚢᚱᚭᛒᛂ
ᛏᛁᚢᚱᛂ
ᛋᚾᚭᚱᚱᛂ
ᚢᛚᛘᛂ

Welcher Name gehört zu wem?

Wie sieht dein Name in Runen aus?

Wenn in deinem Namen ein C, X oder V vorkommt, musst du dir etwas einfallen lassen. Wie bei Wickie, Halvar und Faxe. Denn diese Buchstaben kommen im Futhark-Alphabet nicht vor. Max musst du dann eben mit K + S schreiben, also „Maks“

Deinen Runen-Namen kannst du in deinen Steckbrief auf Seite 11 eintragen.

Überlebenstipps für …

Wickie und die starken Männer sind oft monatelang mit ihrem Drachenboot unterwegs. Ob Regen, Schnee oder Sonne – sie müssen jedem Wetter trotzen. Wenn sie in einem fremden Land von Bord gehen, wird es nicht besser: Wilde Tiere, Durst, Hunger und Kälte machen ihnen zu schaffen. Sie sind wahre Meister im Überleben. In diesem Kapitel erfährst du ein paar Überlebenstricks.

Die Überlebensbox

Ganz ohne Werkzeuge ist das Überleben schwierig. Stell dir eine Überlebensbox mit dem Wichtigsten zusammen.
Am besten eignet sich dafür eine kleine Schachtel mit einem Deckel. Hätte Wickie bei seinen Abenteuern so eine Kiste gehabt, dann wären ihm bestimmt noch viel mehr tolle Sachen eingefallen.

In die Überlebensbox kommen:

- ein Stück Alufolie
- eine Lupe
- eine Rolle Klebefilm
- ein Meter Paketband
- eine Trillerpfeife
- ein Blatt Papier
- ein Bleistiftstummel
- eine kleine Taschenlampe

Mit den Dingen aus der Box bist du für alle Fälle gerüstet: Aus Alufolie lassen sich Gefäße formen. Für Klebefilm und Schnur gibt es tausend Einsatzmöglichkeiten. Mit der Trillerpfeife kannst du Hilfe rufen und mit Papier und Bleistift Nachrichten auf deinem Weg hinterlassen. Die Taschenlampe hilft gegen die Dunkelheit – die hätte Wickie bestimmt auch gerne gehabt!

... mutige Wikinger von heute

Essen aus der Natur

Manchmal gehen den Wikingern aus Flake auf ihren Raubzügen die Vorräte aus, die Ylva und die anderen Frauen für sie gekocht haben. Dann müssen sie ihre Nahrung in der Natur sammeln. Zum Glück haben aber Wickie und die starken Männer immer ihren weisen Urobe dabei. Der kennt jedes Gewächs!

Beim Pflanzensammeln sollten euch auf jeden Fall die Eltern helfen. Seid ihr bei einer Pflanze nicht sicher, denkt immer an Urobes alte Wikinger-Regel!

Löwenzahn

Jedes Kind kennt die Blumen mit den gelben Blüten, die im Sommer zu Pusteblumen werden. Ihre jungen Blätter schmecken köstlich im Salat. Und die Wurzeln sehen nicht nur so aus wie Möhren, gut gewaschen und in etwas Wasser gekocht, schmecken sie auch so.

Nüsse

Mach's wie die Eichhörnchen, iss Nüsse! Walnüsse und Haselnüsse erkennst du sicher. Aber ähnlich schmecken auch Bucheckern, die findest du im Herbst unter Buchen. Du musst nur die Schale abpellen. Zu viele solltest du davon aber nicht essen, dann gibt's Bauchschmerzen.

Feuermachen auf Wikingerart

Eine Feuerstelle einrichten

Wie gemütlich ist es am Lagerfeuer. Doch Feuer kann auch brandgefährlich werden! Deshalb lasst euch immer von einem Erwachsenen helfen! Eure Feuerstelle muss mindestens drei große Schritte von allem Brennbaren entfernt sein. Umrandet die Stelle mit großen trockenen Steinen.

Ein Feuer aufbauen

Sammelt Zunder, also leicht brennbares Material wie trockenes Gras, dürre Zweige oder Tannenzapfen. Alles muss staubtrocken sein. Schichtet es in der Mitte der Feuerstelle auf. Nun braucht ihr das eigentliche Brennmaterial. Sucht dafür Holz oder auch – ja, das geht! – trockene Kuhfladen. Wenn es richtig kalt ist und kein Holz weit und breit, werdet ihr euch nicht davor ekeln. Wetten? Das Brennmaterial stellt ihr wie ein Zelt über den Zunder.

Wikinger-Methode 1

Feuer machen

Nehmt ein Stück Holz mit einem Astloch und füllt z.B. trockenes Gras hinein. Stellt einen spitzen Stock ins Loch und dreht ihn schnell zwischen den Handflächen hin und her. Durch die Reibungshitze entzündet sich das Gras. Jetzt schnell das vorbereitete Feuerholz damit anzünden!

Wikinger-Methode 2

Feuer machen

Mit der Lupe aus der Überlebensbox bündelt ihr die Sonnenstrahlen auf ein Häufchen Zunder, das bereits inmitten des Brennmaterials liegt. Beginnt frühzeitig damit, denn je höher die Sonne steht, desto größer ist ihre Kraft. Nachts ist diese Methode leider wertlos.

Achtung!

Beim Feuermachen hilft am besten ein Erwachsener! Niemals darf das Feuer unbeaufsichtigt bleiben. Zum Löschen müsst ihr immer Wasser oder Sand griffbereit haben, falls doch etwas passiert.
Bevor ihr weiterzieht, löscht das Feuer gründlich, bis kein Fünkchen Glut übrig ist.

So feiern echte Wikinger!

Zu einem echten Wikingerfest dürfen nur richtige Wikinger kommen. Wickie lädt natürlich auch Mädchen ein. Ohne Ylvi wäre die ganze Party nur halb so schön.
Tjure und Snorre müssen aber vorher ihre Schwerter ablegen, damit es keine Klopperei gibt. Feiere wie die Wikinger aus Flake – am besten mit Verkleidung!

Checkliste Wikinger-Party

- Einladungskarten
- Zimmerdekoration
- Wikingermusik
- wikingerstarke Leckereien
- Spiele für echte Wikinger
- wenn ihr draußen feiern könnt: Platz für ein Lagerfeuer

Einladung

Eine richtige Wikingerparty geht schon mit der Einladung los.

Du brauchst:

- Schere und Leim
- Butterbrotpapier zum Abpausen
- Bleistift
- weißen Bastelkarton
- schwarzen Filzstift
- Buntstifte

So geht's

Lege das Pauspapier auf den Helm-Umriss. Das Papier muss doppelt so groß sein wie die Vorlage. Pause den Helm so ab, dass der linke Rand der Vorlage auch am linken Rand des Papiers anliegt. Jetzt knickst du das Papier dort, wo der halbe Helm rechts endet und schneidest entlang der gemalten Linie. Klappe das Papier auf und du hast einen ganzen Helm. Übertrage den Umriss auf den Bastelkarton, und schneide den Helm aus.

Vergiss deine Adresse und Telefonnummer nicht, damit die Wikinger-Horde auch zu dir findet.

Die Vorderseite kannst du nun verzieren. Den Einladungstext schreibst du auf die Rückseite.

Wie du aus der Vorlage einen tollen Helm zum Verkleiden machst, erfährst du auf Seite 60.

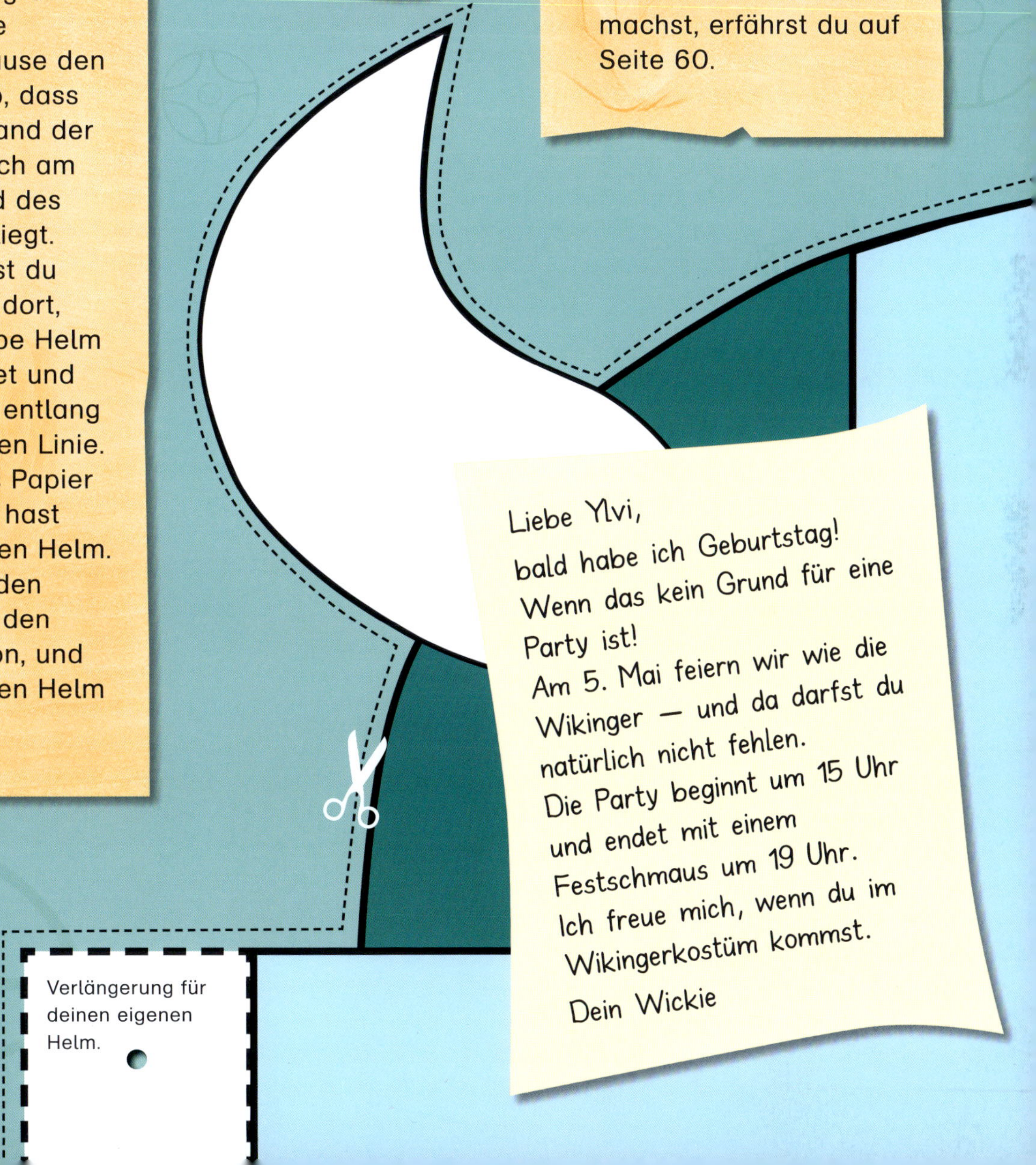

Liebe Ylvi,

bald habe ich Geburtstag! Wenn das kein Grund für eine Party ist!

Am 5. Mai feiern wir wie die Wikinger – und da darfst du natürlich nicht fehlen.

Die Party beginnt um 15 Uhr und endet mit einem Festschmaus um 19 Uhr.

Ich freue mich, wenn du im Wikingerkostüm kommst.

Dein Wickie

Wikinger-Dekoration

Ein richtiges Wikingerfest kann nur schlecht in einem normalen Wohnzimmer stattfinden! Im Sommer feiert ihr am besten im Garten. Wenn ihr im Haus bleibt, muss das Zimmer natürlich geschmückt werden. Dazu brauchst du jede Menge starke Männer!

Eine Wikinger-Horde für dein Partyzimmer

Du brauchst:

- Schnur
- Luftballons
- Wollreste
- Klebestreifen
- wasserfeste Stifte

So geht's

Deine Wikingerhorde ist die grimmigste weit und breit. Selbst der schreckliche Sven hätte Angst vor deinen Mannen!
Male möglichst grimmige Gesichter auf die Luftballons – aber vergiss nicht, der Knoten muss oben sein! Sie brauchen Narben, Augenklappen und fiese Blicke. Mit den Wollfäden kannst du ihnen zottelige Bärte und Haare ankleben. Und einen Helm wie von Seite 60.

Schild-Girlande

Du brauchst:

- Schnur
- Tonpapier
- Stifte oder Wasserfarbe
- Schere
- Klebestreifen

So geht's

Schneide etwa zehn Kreise aus Tonpapier aus. Als Schablone kannst du einen Teller nehmen. Mit Stiften oder Wasserfarbe bemalst du jedes Schild anders. Wenn du mit allen Schilden fertig bist, bohre links und rechts mit der Scherenspitze ein Loch hinein und fädele sie auf die Schnur. Damit die Schilde nicht verrutschen, klebe sie mit Klebestreifen an der Schnur fest. Fertig ist die Schildgirlande. Nun musst du sie nur noch aufhängen.

Das perfekte Wikinger-Kostüm

Als Wikinger verkleiden geht ganz leicht. Schneide für Kopf und Arme drei Löcher in einen Jutesack. Dazu noch ein breiter Gürtel – fertig! Aber was wären Wikinger ohne Helm? Die bastelst du am besten mit allen Gästen zusammen.

So geht's

Jeder Gast überträgt die Helm-Vorlage auf Tonpapier und schneidet sie aus. Achtung, der Bund muss rechts und links um drei Zentimeter verlängert werden. Jetzt kann jeder mit den Stiften seinen eigenen Lieblingshelm gestalten. Dann bohrt mit der Scherenspitze an jeder Seite des Bundes ein kleines Loch und knotet das Gummiband daran fest. Lege den Helm an deine Stirn. Ein anderer Wikinger schneidet den Wollfaden passend ab und knotet es an der anderen Seite fest.
Dann kann euch schon mal nicht mehr der Himmel auf den Kopf fallen.

Dein eigener Wikinger-Helm

Du brauchst:

- die Vorlage von Seite 57
- weißes Tonpapier
- Stifte
- Schere (am besten für jeden Gast eine)
- Wollfaden

Wikinger-Spiele

Tauziehen

Ein super Spiel für ein Wikingerfest ist Tauziehen. Du brauchst ein dickes Seil und jede Menge starke Männer und Frauen. Teile die Horde in zwei Mannschaften. Markiere einen Punkt auf dem Fußboden. Die Mitte des Seils liegt genau an der Marke. Bei „Los!" ziehen alle, als wäre der schreckliche Sven hinter ihnen her. Die Mannschaft, die bis zum letzten Mann über den Strich gezogen wurde, hat verloren. Mische nun die Horde neu. Und sieh zu, dass Faxe in deinem Team ist.

Wikinger-Drücken

Auf dem Boden ist ein Kreis mit 1,5m Durchmesser markiert. Zwei Wikinger setzen sich Rücken an Rücken in den Kreis. Bei „Los!" versuchen beide, den anderen aus dem Kreis zu drücken, aber ohne die Hände zu benutzen! Gelingt es einem Wikinger, den anderen vollständig aus dem Kreis zu drücken, so hat er gewonnen. Ihr könnt auch ein Turnier ausrichten, bis der stärkste Mann ermittelt ist.

Wikinger-Festschmaus

Nicht nur Faxe liebt gutes Essen über alles. Auch dir und deinen Gästen wird ein wikingerstarker Festschmaus munden.
Wie wäre es mit Drachenboot-Kuchen und Met statt Keksen und Saft?

Drachenboot-Kuchen

Wikinger-Met

Dickmilch mit Beeren

Maße und Einheiten

l = Liter
ml = Milliliter
g = Gramm
Pck. = Päckchen
TL = Teelöffel
EL = Esslöffel
°C = Grad Celsius
min = Minuten

Mini-Drachenboot-Pizza

Fleischklößchen mit Preiselbeeren

Wickies Drachenboot-Kuchen

Dafür brauchst du:

150 g Butter
225 g braunen Zucker
1 Pck. Vanillezucker
3 Eier
225 g Mehl
1 TL Backpulver
200 g saure Sahne

So geht's

Schlage Butter, Zucker und Vanillezucker in einer Rührschüssel schaumig. Gib dann die Eier dazu und verrühre alles gründlich. Mehl und Backpulver werden miteinander vermischt und über die Masse gesiebt. Zum Schluss gibst du noch die saure Sahne dazu. Verrühre alles gut. Jetzt kommt der Kuchen in den vorgeheizten Backofen und wird bei 170 °C und Umluft 45–60 min gebacken. Bitte nach 45 min einen Erwachsenen, die Stäbchenprobe zu machen, um zu sehen, ob der Kuchen fertig ist.

Für die Verzierung lässt du 100 g dunkle Schokolade im Wasserbad schmelzen. Den Kuchen löst du, wenn er ausgekühlt ist, aus der Form und bepinselst ihn mit der Schokolade. Beim Verzieren sind dir keine Grenzen gesetzt. Als Drachenboot-Besatzung kannst du Gummibärchen in die noch leicht flüssige Kuvertüre setzen. Lakritzschnecken, Schokolinsen oder kleine runde Kekse machen sich gut als Schilde. Für Paddel kannst du Schokostäbchen rechts und links in den Kuchen stecken. Natürlich braucht dein Wikingerschiff auch ein Segel und eine Flagge. Da fällt dir bestimmt etwas Tolles ein. Als Mast nimmst du am besten einen Schaschlikspieß.

Ylvis Lieblingsgetränk: Wikinger-Met

Für vier durstige Wikinger brauchst du:

700 ml Wasser
2 EL Honig
800 l Traubensaft
nach Belieben Zimt, Muskat

So geht's

Erhitze das Wasser in einem Topf und gib nach und nach den Honig hinein. Ist der Honig aufgelöst, muss das Ganze 15 min auf kleiner Flamme köcheln. Wenn du magst, schmecke das Honigwasser mit Zimt und etwas Muskat ab. Der Met muss nun abkühlen. Gib ihn dazu am besten in einen Krug. Kurz vor dem Servieren füllst du den Krug mit Traubensaft auf. Met schmeckt auch eisgekühlt köstlich!

Ylvas Lieblingsnachtisch: Dickmilch mit Beeren

Für vier Wikinger brauchst du:

600 ml Dickmilch oder Joghurt
20 g Honig
200 g frische Beeren (im Winter aus dem Tiefkühlfach)

So geht's

Wasche die frischen Beeren vorsichtig ab und leg eine Hand voll schöner Beeren beiseite. Dann vermischst du die Dickmilch mit dem Honig und hebst vorsichtig die Beeren unter. Danach füllst du alles in eine Schüssel und verteilst die schönen Beeren oben auf der Masse.

Halvars Leibspeise auf langen Reisen: Mini-Drachenboot-Pizza

Für sechs hungrige Wikinger brauchst du:

500 g Käse am Stück (zum Beispiel Gouda)
200 g Salami
1 kleine Dose Champignons
2 Eier
1 Zwiebel
12 Baguettebrötchen zum Aufbacken
nach Belieben: Pfeffer, Paprikapulver, Currypulver

Für Mast und Segel brauchst du:

kleine Salatblätter und Schaschlikspieße

So geht's

Reibe den Gauda in eine Schüssel. Schneide Salami, Champignons und Zwiebel in kleine Würfel und gib sie dazu. Nun kommen noch die Eier dazu. Dann vermische alles und schmecke es mit Pfeffer und Paprika (vielleicht auch etwas Curry) ab.
Danach müssen die Brötchen halbiert und dick mit der Masse bestrichen werden. Nun: Ab damit in den Backofen.
Bei 180–200 °C werden sie 15–20 min lang gebacken bis sie oben goldbraun sind.
Ein anständiges Wikingerschiff braucht ein Segel! Nimm für jedes ein Salatblatt und pikse es mit einem Schaschlikspieß fest.

Faxes Lieblingsgericht: Fleischklößchen mit Preiselbeeren

Für einen Faxe oder sechs hungrige Wikinger brauchst du:

500 g Hackfleisch (halb vom Rind und halb vom Schwein)
1 Ei
1 mittelgroße Zwiebel
2 kalte gekochte Kartoffeln
1 altes, trockenes Brötchen
etwas Öl
Salz und Pfeffer
1 EL Mehl
200 ml Sahne

Das Brötchen weichst du in einem Glas Wasser ein und drückst das Wasser wieder aus. Die Kartoffeln zerdrückst du mit einer Gabel. Schneide die Zwiebeln in feine Würfel und dünste sie im Öl glasig an. Vermenge alles mit dem Hackfleisch und schmecke die Masse mit Salz und Pfeffer ab. Jetzt formst du daraus kleine Kugeln.
Brate sie rundherum in etwas Öl goldbraun an. Nimm dann die fertigen Klößchen aus der Pfanne und lege sie auf einen Teller.
Den Bratensatz in der Pfanne bestäubst du mit etwas Mehl. Gieße dann die Sahne in die Pfanne und lass sie unter ständigem Rühren kurz aufkochen. Jetzt schmeckst du die Soße mit Salz und Pfeffer ab. Dazu gibt's Kartoffelpüree und Preiselbeeren.

So geht's

Wickies Wikinger-Quiz

1

Aus welchen Formen bestehen Runen?

- D aus geraden Strichen
- F aus Bögen und Kringeln
- L aus Halbkreisen

2

Wie nennt man heute die Häuser der Wikinger?

- R Langhäuser
- B Nordmannhütten
- C Wik-Wam

3

Welcher der folgenden Namen bezeichnet keinen Wikingergott?

- K Odin
- B Thor
- A Herkules

4

Wer ist der älteste der starken Männer?

- C Urobe
- U Faxe
- P Halvar

5

Welche Wikinger konnten lesen und schreiben?

- S Alle, das lernten sie in der Waldschule
- J Nur die Mädchen, die Jungen bekamen nur Unterricht im Kämpfen
- H Nur der Runenmeister konnte lesen.

6

Wie viele Wikinger sind bei den starken Männern – Wickie nicht mitgezählt?

- D 6
- E 7
- F 8

7

Was ruft Wickie, wenn er einen guten Einfall hat?

- M Genial! So machen wir's!
- N Ich hab's! Ich hab eine Idee!
- O Hulla! Hulla! So wird ein Schuh draus!

8

Welcher Wikinger, der wirklich gelebt hat, betrat als Erster Amerika?

- K Erik der Rote
- H Halrald Gormsson
- B Leif Eriksson

9

Aus welchen Ländern stammen die richtigen Wikinger?

- O Norwegen, Schweden und Dänemark
- R England, Spanien und Portugal
- S Marokko, Tunesien, Algerien und Kasachstan

10

Welcher Wikinger ruft den halben Tag lang: „Ich bin entzückt!"?

- X Snorre
- I Ylva
- O Gorm

11

Wie viele Schlafräume gab es auf einem typischen Drachenboot?

- Z Jeder Wikinger hatte einen eigenen.
- F Sie schliefen alle in einem Schlafraum.
- T gar keinen

Die Lösung kannst du auf Seite 70 eintragen.

Hast du alle Fragen aus Wickies Wikinger-Quiz beantwortet? Dann trage die Buchstaben der richtigen Antworten unten in die Felder ein.

Tipp:
Das Lösungswort hat natürlich etwas mit den Wikingern aus Flake zu tun.

Lösungswort:

1 2 3 4 5 6 7 8 9 10 11

1 **D** Runen-Zeichen wurden in Holz geritzt oder in Stein gemeißelt. Da sind **gerade Striche** viel einfacher zu machen, als runde. Probier's mal aus! 2 **R** Die **Langhäuser** der Wikinger hatten keine Fenster und bestanden meist nur aus einem einzigen, langen Raum. 3 **A** Odin war der oberste Gott der Wikinger. Sie nannten ihn auch Herr des Wissens, Göttervater oder Wünsche-Erfüller. Thor heißt der Donnergott. Mehr zu Thor und Odin erfährst du auf Seite 43. **Herkules** ist ein Held in den griechischen Sagen. 4 **C** Der älteste unter den starken Männern ist natürlich **Urobe**. Das erkennst du schon an seinem langen weißen Bart. 5 **H** Da die Runen für die Wikinger heilige Zeichen waren, konnte sie nur der **Runenmeister** lesen. Er hatte meist nur einen Schüler. 6 **E** Die starken Männer – ohne Wickie – bestehen aus **sieben** Wikingern: Halvar, Ulme, Snorre, Tjure, Faxe, Gorm und Urobe. 7 **N** Natürlich ruft Wickie, wenn er eine Idee hat: **„Ich hab's! Ich hab eine Idee!"** 8 **B** **Leif Eriksson** segelte etwa im Jahr 1000 von Grönland aus nach Amerika, das damals in Europa noch unbekannt war. Wenn du mehr zu Leif Eriksson erfahren willst, lies nach auf Seite 37. 9 **O** Die Wikinger stammen aus Nordeuropa, aus Skandinavien. Zu Skandinavien gehören **Norwegen, Schweden und Dänemark.** Auch im Norden Deutschlands haben Forscher alte Wikingersiedlungen ausgegraben. 10 **O** „Ich bin entzückt!" ist ein typischer Ausspruch von **Gorm.** Besonders, wenn er vom Mast aus Land entdeckt. 11 **T** Auf den Drachenbooten gab es **gar keine Schlafräume.** Die Wikinger schliefen an Deck, ohne Schutz vor Wind und Regen. Ganz schön ungemütlich, nicht?

Jetzt durchstarten mit Wickie, dem mutigen Wikinger!

Für einen optimalen Start in die Schule:

Mit über 80 spielerischen Übungen zum Ausmalen, Spielen oder Basteln.

Die ideale Kombination aus Malbuch und Training:

Spannende Abenteuer mit viel Platz zum Selber- und Weitermalen.

Lesen lernen mit Wickie und Ting:

Mit 60 speziellen Lese-Lern-Spielen, Sonderseiten aus Wickies Welt inkl. den Originalstimmen der Hörspiel-Serie.

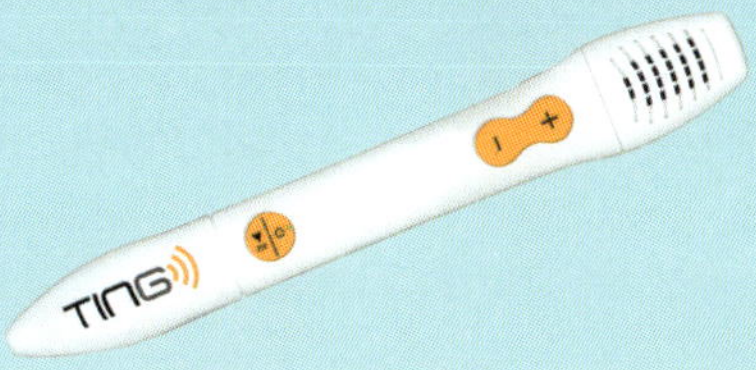

Wikingerstarke
Fan-Artikel
TV-SERIE
Wickie
HÖRSPIEL 14
Wickie
HÖRSPIEL 15
Wickie
Wickie's Drachenboot
Wickie
STUDIO 100

Impressum

Autor: Rainer Wolke

Illustrationen: Leitfiguren © 2010 STUDIO 100 MEDIA GmbH;
Agentur Christian Ortega, Barcelona

Bildquellennachweis: ©Pelle Ericsson: Seite 18; Robert Soujon, Leipzig: Seite 58, 60, 62, 63, 64, 65, 66; shutterstock (3drenderings), New York, NY: Seite 36/37; Thinkstock (iStockphoto): Seite 37, 38/39, 42/43, 50, 53, 62, 63, 65, 67; Thinkstock (Hemera): Seite 39; Thinkstock (Zoonar): Seite 40/41; ullstein bild-The Granger Collection: Seite 43

Die Geschichte „Der Schatz am Feuerberg“ erschien zuerst im Band „Die schönsten Vorlesegeschichten mit Wickie“
Autor: Matthias von Bornstädt
Illustrationen: Agentur Christian Ortega, Barcelona

Bibliografische Information der Deutschen Nationalbibliothek
Die Deutsche Nationalbibliothek verzeichnet diese Publikation in der Deutschen Nationalbibliografie; detaillierte bibliografische Daten sind im Internet über http://dnb.d-nb.de abrufbar.

Auflage 3 2 1 | 2015 2014 2013

Dieses Werk folgt der neuesten Rechtschreibung und Zeichensetzung.

Der Online-Zugang zu http://fanbuch.wickie.de ist bis drei Jahre nach Erscheinen des Buches gewährleistet.
Teamleitung Grundschule und Kinderbuch: Susanne Schulz
Redaktion: Jana Haußmann
Umschlag- und Innengestaltung: Sabine Kaufmann, Stuttgart
Satz: Sabine Hüttenkofer, Straßlach-Dingharting
Druck: Himmer AG, Augsburg
Printed in Germany
ISBN 978-3-12-949128-7